NOTICE NÉCROLOGIQUE

SUR

NICOLAS DE WIOROGORSKI

Conseiller intime de S. M. l'Empereur de toutes les Russies,
Contrôleur général du royaume de Pologne,
Président de la Haute Cour des Comptes,
Membre du Conseil d'administration du royaume,
Ancien président de la Commission d'amortissement, du Comité du chemin de fer, etc.,
Grand-croix de l'Ordre de Saint-Stanislas, de 1re classe,
De l'Ordre de Sainte-Anne, de 1re classe, et de l'Ordre de Saint-Wladimir;
Décoré de la Boucle d'honneur, pour prix de 40 années de services irréprochables;

MORT A VARSOVIE, LE 28 JUIN 1855.

EXTRAIT DU NÉCROLOGE UNIVERSEL DU XIXᵉ SIÈCLE

Annales nécrologiques et Biographiques
et Éloges funèbres
des Notabilités contemporaines de la France et de l'Étranger.
Administration du Musée biographique et des Archives générales de la Noblesse,
E. DE SAINT-MAURICE CABANY, DIRECTEUR-RÉDACTEUR EN CHEF
Place de Vintimille, 6, à Paris.

1856

L'administration n'ayant aucune succursale, les Familles françaises et
étrangères sont priées de n'adresser qu'à M. E. DE SAINT-MAURICE CABANY,
Directeur général perpétuel de la *Société Impériale des Archivistes de France*,
et Rédacteur en chef des *Archives Générales de la Noblesse* et du *Musée biographique*, Place de Vintimille, 6, à Paris, toutes les lettres, demandes,
documents, matériaux, notes, manuscrits, renseignements, envois, sous-
criptions et payements relatifs à l'administration du *Nécrologe universel*
(seul ouvrage de ce genre existant en Europe qui soit délivré *gratuitement*
à toutes les bibliothèques publiques de France et de l'Étranger), ainsi qu'à
l'insertion et à la publication, dans les volumes de cet important recueil,
des articles biographiques et nécrologiques, généalogiques ou historiques,
et des éloges funèbres consacrés à la mémoire des hommes notables, morts
dans le courant du XIXe siècle ou qui décèdent chaque jour.

La maison Wiorogorski appartient à la plus ancienne noblesse de l'empire d'Allemagne, et ses descendants en conservent, comme preuve, entre leurs mains, les diplômes originaux. Un Wiorogorski, grand-père de celui auquel nous consacrons ces pages, a été créé chevalier de l'Empire, par l'empereur Léopold II, en reconnaissance des services signalés rendus à l'empire d'Allemagne par ses ancêtres, et pour le récompenser des pertes que sa famille avait subies dans ses vastes domaines pendant la durée des guerres de succession. Le même, fut admis à participer aux priviléges de la haute noblesse de Brandebourg, de Bavière, de Cologne, de Mayence, de Trêves, de Bohême, de Saxe et de Hanovre. Ces priviléges lui furent également accordés par l'ancienne république de la Pologne et le grand-duché de Lithuanie.

Nicolas de Wiorogorski naquit, en janvier 1790, à Tysmienice, en Galicie, district de Stanislawow, dont son père, Adam Wiorogorski, était le staroste ou sous-préfet.

Dès son enfance, le jeune Wiorogorski se voua à la pratique de la vertu et enracina au fond de son cœur les principes d'une rigide probité, ainsi que cet amour du travail et ce culte du devoir qui le distinguèrent toute sa vie et lui frayèrent la route des plus hautes dignités. Il passa les premières années de sa jeunesse sous les yeux de sa vertueuse mère, qui le chérissait le plus parmi ses enfants et lui prodiguait toute sa tendresse.

Wiorogorski fit ses études à Stanislawow, et s'a-

donna, de préférence, à l'étude de la littérature ancienne qu'il possédait dans la perfection. Son père, le
destinant au service public, l'envoya à l'Université
impériale de Vienne, où son fils suivit, avec le plus
grand succès, les cours de Droit et s'appliqua avec
zèle à étudier la science de l'administration.

Dès l'année 1808, Wiorogorski commença à être
employé, comme copiste, dans les bureaux de la sous-
préfecture de Krzeszowice. Il n'avait alors que dix-
huit ans, et, chose étonnante, dans le cours de cette
première année de service, il se fit tellement remarquer, qu'avant son entier écoulement, il fut nommé
secrétaire du sous-préfet et fut appelé à remplacer ce
fonctionnaire lui-même.

C'était à l'époque où les aigles triomphantes de
l'empereur Napoléon parcouraient toute l'Europe.
Le duché de Varsovie venait d'être créé et l'établissement d'un nouveau gouvernement exigeait un sur-
croît de travail de la part des employés.

Wiorogorski, au comble de ses vœux, surpassa
en activité tous ses collègues, prodigua son zèle et
son aptitude, se multiplia de façon à s'attirer presque
l'admiration de ses chefs et de ses émules. Tel fut

le secret de son avancement si rapide, dont jusqu'a-
lors on n'avait pas vu d'exemple.

Sur le bruit d'une capacité tellement extraordi-
naire et d'un travail si infatigable, Wiorogorski fut
appelé à Varsovie et placé à la Cour des Comptes du
grand-duché de Varsovie, qu'on venait de fonder.

Il était impossible de faire un plus heureux choix,
et toutes les instructions, tous les règlements, toutes
les formules, en un mot, tout l'immense détail de
l'organisation de cette magistrature fut, pour la plu-
part, rédigé ou préparé par lui.

Aussi, le voyons-nous monter rapidement en grade
à la Cour des Comptes.

Entré comme calculateur en 1844, nous le voyons
devenu chef de section en 1815; assesseur en 1818;
greffier en chef de la Cour en 1819; conseiller de la
Cour en 1821. En 1823, il est décoré de la croix
de l'Ordre de Saint-Stanislas, avec la plaque
de l'Ordre, et il parvient au rang de conseiller
d'Etat.

Les fastes de la Cour des Comptes ne mention-

nent aucun autre avancement si rapide et si bien
mérité.

En 1842, quelques désordres survenus dans la
gestion de la Banque de Pologne, firent sentir le
besoin d'avoir recours aux lumières et à l'expérience
de Wiorogorski. Il fut nommé rapporteur d'une
Commission d'enquête et rendit, dans ces difficiles
fonctions; des services d'autant plus appréciés qu'il
s'agissait de mettre ordre aux affaires de la Banque
sans porter atteinte au crédit de cet établissement,
base du crédit du royaume. Il s'en acquitta à la sa-
tisfaction de toutes les parties, et en ménageant tous
les intérêts.

Il en fut récompensé par le poste de vice-président
de la Commission d'amortissement de la dette publi-
que et le siége de Conseiller-maître à la Haute Cour
des Comptes.

Dès ce moment, Wiorogorski, ayant eu le bonheur
de se faire connaître plus particulièrement de Son
Altesse le prince du royaume Namiestnik, fut constamment employé dans toutes les grandes affaires de
l'État. Pas de Comité où il ne fût appelé et dont il ne
fît partie. Il revint ainsi aux anciennes habitudes de

sa jeunesse, et travailla nuit et jour, comme au début de sa çarrière.

Ce fut par suite des services qu'il rendit dans ces diverses fonctions et emplois, que Wiorogorski fut investi, en 1845, au décès du comte Stanislas Grabowski, des hautes fonctions de contrôleur général du royaume de Pologne, de président de la Haute Cour des Comptes, et de membre du Conseil d'administration du royaume ; fut créé conseiller privé de Sa Majesté l'empereur de toutes les Russies, et décoré de la grande croix de Saint-Stanislas, de 1re classe, de celle de Sainte-Anne, de 1re classe, de celle de Saint-Vladimir, et de la Boucle d'honneur, en reconnaissance de quarante années de services irréprochables.

C'est ainsi que Wiorogorski parvint à être investi de la première dignité de cette Cour des Comptes, dans laquelle il avait débuté à l'âge de vingt ans, avec un modique traitement de 300 roubles argent; exemple unique en son genre, et d'autant plus remarquable, qu'il ne dut jamais son avancement qu'à son mérite seul et à ses travaux, sans avoir recours à la faveur, et qu'il parvint, malgré l'opposition aveugle et passionnée de quelques envieux et jaloux qui ne manquent pas de s'attaquer aux hommes d'un mérite réel.

Outre les fonctions qu'il remplissait à la Haute Cour des Comptes et au Conseil d'administration, Wiorogorski fut chargé en même temps de la présidence de la Commission d'amortissement, où il contribua beaucoup à régénérer la Banque, de la présidence du Comité du chemin de fer, et de plusieurs autres Comités qu'il serait superflu d'énumérer et dans lesquels son activité se fit constamment remarquer.

Les attributions de la Haute Cour des Comptes sont de passer en revue toutes les affaires du gouvernement, en examinant les comptes qui s'y rapportent. Wiorogorski, qui avait servi pendant quarante ans dans cette Cour, connaissait à fond presque toutes les affaires, était à même de fournir au Conseil d'administration, sans aucun travail préparatoire, tous les renseignements et éclaircissements nécessaires ; aussi était-il un des membres les plus utiles de ce Conseil, et son absence s'y fera-t-elle longtemps sentir.

Malgré la gravité de ses fonctions et de ses occupations, Wiorogorski était recherché à cause du fonds de gaieté et d'esprit qu'il répandait dans les réunions.

composées de quelques amis admis dans son intimité.

Il était moins un chef qu'un père pour ses employés, et les connaissait, non-seulement sous le rapport de leurs capacités et de leur aptitude au travail,
mais il les étudiait et savait leur caractère, leur conduite, leurs besoins, leurs mœurs ; il se complaisait
à être le confident de toutes leurs peines, de leur
bonne comme de leur mauvaise fortune.

Il a fondé une caisse de secours pour recevoir les
cotisations des employés, dont le revenu annuel
monte aujourd'hui à 6,000 roubles argent. L'heureuse influence de cet établissement se fait continuellement sentir, et restera comme un monument
durable de son administration.

Nous ne nous étendrons pas sur ses qualités comme
père de famille ; il ne vivait que pour sa femme et ses
enfants, et sa famille lui doit tout ce qu'elle possède
aujourd'hui. Cette partie du mérite de cet homme
supérieur n'appartient pas au public et n'aurait aucun intérêt pour lui.

Ce fut l'excès du travail qui abrégea les jours de

Wiorogorski. Il fut victime de son insouciance pour sa santé.

Il est mort le 28 juin 1855, à l'âge de soixante-cinq ans, à Varsovie, après avoir reçu les secours de la religion et les saints sacrements, et avec toute la résignation possible, quand arriva le cruel moment de se séparer de son épouse et de ses enfants qu'il adorait.

Son décès répandit un deuil difficile à décrire. Il a été généralement regretté, et ses ennemis mêmes ont pu avouer qu'il n'était pas possible de le remplacer, aveu qui est le plus éloquent des éloges.

Wiorogorski a laissé un nom sans tache, la réputation d'un administrateur intègre et pur, et il lègue à sa famille et au monde tout entier sa vie édifiante pour modèle.

E. DE **SAINT-MAURICE CABANY,**

Directeur général perpétuel de la Société impériale des Archivistes de France, Rédacteur en chef du *Nécrologe universel du XIXᵉ siècle*, etc.

DESCRIPTION DES ARMOIRIES

DE LA MAISON DE WIOROGORSKI, EN POLOGNE.

La famille de Wiorogorski porte les armoiries dites *spensberger :* de gueules, au lion d'or, rampant, terrassé de sinople, ayant la patte dextre armée d'une épée garnie d'or, et celle de senestre d'un faisceau de flèches.

L'écu timbré d'un heaume, grillé de cinq, taré au tiers, orné de ses lambrequins d'or et de gueules, et sommé d'une couronne de noble polonais, cercle d'or à quatre fleurons, alternés chacun d'une perle, dont trois fleurons et deux perles visibles.

Cimier : un lion d'or, rampant, tenant de la patte dextre une épée nue, garnie du même, et issant d'un vol de sable.

Paris. — Imprimerie de L. Tinterlin et Ce, rue des Neuve-des Bons-Enfants 3.